# 古代史研究七十年の背景

上田正昭

藤原書店

# まえがき

昭和十五年（一九四〇）の一月には、早稲田大学の津田左右吉《そうきち》教授が出版法違反の容疑をうけて早稲田大学教授を辞任し、同年二月には『古事記及び日本書紀の新研究』、『神代史の研究』、『古事記及日本書紀の研究』、『日本上代史研究』、『上代日本の社会及び思想』が発売禁止になるという、ファシズムによる言論弾圧がきびしくなる時代に、私は中学校に入学した。

そして中学二年生のおりに、担任の先生のお宅を訪問したさい、先生の書棚に、発禁になっていた津田左右吉博士の『古事記及び日本書紀の新研究』（岩波書店）をみつけた。先生は私に貸すことをためらわれたが、強引に借りうけて、わけもわからぬままに、学校で習っている神典『古事記』『日本書紀』には後の知識で作為されたり、あるいは潤色されている箇所のあることを知った。中学校で習っている上代史（当時は古代史といわずに上代史といった）には虚偽があるらしいことを実感し、学問とは何かをなんとなく教えられた。

私が上代史の真相を知りたいと疑問と興味をもったのはそのころからである。昭和二十年（一九四五）八月の敗戦を契機に、「神国日本」・「皇国日本」の実態を認識するために、「天皇制とは何か」を改めて考察しようと決意し、六七二年の壬申の乱によって勝利した大海人皇子（天武天皇）の治世のころから、天皇制は具体化すると考えて、上代史の研究をこころざした。そして京都大学文学部史学科の卒業論文には、『古事記』・『日本書紀』の氏族系譜のありようを中心に「日本上代に於ける国家的系譜の成立に就いて」（主論文）・「中宮天皇考」（副論文）をまとめた。

したがって戦後七十年には、平成二十七年（二〇一五）の十月三十日に出版した、『神話の世界』（創元社、一九五六年）から数えて八十一冊目の『古代の日本と東アジアの新研究』（藤原書店）まで、ちょうど私の研究史七十年が重なる。そこで古代史研究七十年をかえりみ、生きた歴史を学ぼうとする人びとに、参考になればと思って、「年寄りの達者春の雪」には違いないが、七十年におよぶ研究史の内実をまとめることにした。

ローマの哲学者であり政治家であったセネカは「学ぶのに年を取り過ぎたということはない」（『書簡集』）といったが、高齢となっても学ぶこころざしは捨てさることはできない。この書が後学の人たちの学問に多少なりとも寄与できれば幸いである。

平成二十八年（二〇一六）二月　上田正昭

# 古代史研究七十年の背景——目　次

まえがき　I

第一章　人権問題の考察

## 第六章　海外渡航

# 古代史研究七十年の背景

装丁　上野かおる

# 第一章　人権問題の考察

# 「年寄りの達者春の雪」

ことわざに「年寄りの達者春の雪」がある。

年寄りの元気は春の雪のようにすぐ消えてゆくということであろう。たしかに老いれば老いるほどに生命力は弱ってゆく。しかし、研究者として、平成二十七年（二〇一五）の十月三十日に『古代の日本と東アジアの新研究』（藤原書店）で、研究史七十年、満八十八歳の間考えてきたすべての問題を、八十一冊を数える著作にまとめきった想いがあるけれども、今後もなお年寄りは年寄りなりに歴史を学んでいきたい。

毎日研究をしつづけてきた反動か、時間を過ごすのに苦労する時がある。竹籔の老竹の始末などをすればよいと思っても、今度はその体力がない。仕方なく体を休めて寝床につく場合がある。老いをどう生きればよいのか。「春の雪」のようにすぐさま消えそうにもない。

研究自伝を書けばよいが、すでに『アジアのなかの日本再発見』（ミネルヴァ書房）におおかたは書いている。そこでここには、老いたわが身の古代史研究七十年の歩みを改めて回想することにする。

# 三つのふるさと

私には三人の娘がいるが、妻亡きあとは次女のまゆみが同居して世話をしてくれる。老いの孤独を味わわない幸せを感謝している。

私自身は京都西陣の呉服商佐々木政次郎・同きみの次男であった。大正十四年（一九二五）の五月二十三日、午前十一時十分ごろに勃発した北但大地震のあと、その復興の機運と地元の知人の要請もあって、兵庫県北部の但馬の城崎町（現豊岡市城崎町）に、父は呉服の店をだした（のちに蒲団店などを営む）。私が生まれたのは、昭和二年（一九二七）の四月二十九日だから、開店して一年あまりたった時期である。

出身地は京都の西陣だが、出生地は城崎町湯島である。昭和十五年（一九四〇）の三月に城崎小学校を卒業して、同年四月一日、兵庫県立豊岡中学校に入学した。そのころは入学成績によってクラスが編成され、私は豊中の一年三組の級長となった。入学試験三番であったからだろう。

昭和十五年の春、父は私の豊中入学発表の直前に急性肺炎で亡くなった。母は店を閉めて、京都西陣へ帰郷することにした。兄博一は国立の京都工芸繊維専門学校（現京都工芸繊維大学）に在学しており、私は京都府立第二中学校の二年生に転入学した。

京都二中二年生を修了したころ、母と親交のあった京都府南桑田郡曽我部村（現亀岡市曽我部町）穴太《あなお》の延喜式内社の社家上田の三十三代目をつぐことになる。早く神職の資格を修得する必要があって、京都國學院・國學院大学専門部に進学することになった。

現在も曽我部町穴太が居住地だから、私のふるさとは三つということになる。京都の西陣、城崎町、そして亀岡市がそれである。祖国の分断や戦争の被害などで難民となった人びととくらべれば贅沢な話である。

かつて『朝日新聞』が「新人国記」を連載したおり、私を兵庫県但馬の生まれとし、さらに京都の部では梅棹忠夫さんらと共に西陣出身として紹介されたのには、それなりのいわれがあった。

## 折口古代学と西田文化史学

國學院大学専門部で昭和十九年（一九四四）の四月から昭和二十一年（一九四六）の三月まで、折口信夫教授の折口古代学を熱心に受講した。戦争中の学徒動員のないおりには、折口古代学がいっそう身近に迫って、一番前の席で懸命にノートしたのを懐しく回想する。

三回生の時であった。京都帝国大学の西田直二郎教授の『日本文化史序説』（改造社）を読んで感銘を受けた。そして京都帝大の文学部史学科で西田教授の指導を仰ぎたいと考えて京都大学への入学を決意した。当時の入学試験はペーパーテストだけでなく口頭試問があって、西田先生から「國學院には折口君や武田君がいるのになぜ京大を選んだのか」という質問があった。即座に「『日本文化史序説』を読んで感動したからです」と答えたことを記憶している。後に知ったことだが、折口信夫、『万葉集』の研究で有名な武田祐吉國學院大学教授、同大学の国史学の岩橋小弥太教授の三人と西田教授は、大阪の天王寺中学の同級生であった。

西田先生は戦争中に大倉精神文化研究所の所長を兼ねておられ、日本精神の高揚につとめたという理由で、GHQ（連合国軍最高司令官総司令部）による教員適格審査で不適格となり、入学して間もなく京大を退官された。そのあとは小葉田淳教授、柴田實助教授らが担当された。西田文化史学の伝統は柴田實助教授（後に教授）らにうけつがれていた。私は柴田先生の講義を受講することになる。

## 高校の教師として

京大の三回生のおりに、山陰線の車中で京都二中の時に教えていただいた岡田四郎先生と偶然にであった。先生から「今どうしているか」と尋ねられて「京大で歴史学を学んでいます」と答えると、戦後の混乱期で教師が足りず、「助教諭として歴史の授業を担当してもらえないか」ということになった。そして教壇に立ったのは、昭和二十四年（一九四九）の四月からである。

ところがその四月に、生徒自治会の会長選挙をめぐって被差別部落出身の生徒をめぐる差別事件がおこった。私はその場にいたわけではないが、その生徒の父が部落解放委員会（後の部落解放同盟）へ訴え、園部高校差別糾弾委員会が開かれた。岡田校長は、「上田君は京大の学生だから出席しなくてもよい」といわれたが、たとえ六日間教壇に立ったばかりとはいえ、教育者の責任はあると考えて糾弾会に出席した。それは今日まで部落問題の研究にもたずさわることになる有意義なであいであった。

すべての教職員が招集されて、解放委員会による糾弾がはじまった。若き日の三木一平さんが熱弁されたのが印象に残っているが、説得力はあるがその糾弾は鋭く、ひとりひとりを問責するその態度はいかにも烈しい。終りのころに私の番となった。どのように申したか正確には覚えていないが、教育の責任は追及されてしかるべきだが、このようにきびしくはげしい問責のみでは、問題の本質は解決しないのではないかというようなことを喋った記憶がある。

会議が終って、教職員の反省会があり、帰宅しようと思っていたところへ、園部のよろず相談所（部落の会所）から電話があって「上田をよこすように」とのこと。緊張してでかけたところが、三木さんたちが待ちかまえていて、「お前さんは多少見込みがある」と夜を徹しての話合いになった。観念的にしか理解していなかった部落問題について、三木さんが中心になって、差別の現実と本質を、おのが実践をまじえて力説された。まことにありがたい出会いとなり、三木一平さんたちのさそいで、昭和二十五年（一九五〇）三月京大を卒業して、同年四月一日に部落問題研究所の研究員（後に所員）となった。そして園部高校の教諭に任命されたあと、人事異動で京都府立鴨沂《おうき》高校の教諭になったのは同じ年の八月一日である。

鴨沂高校の教諭となってから、本格的に同和教育にとりくむようになる。京都府立の高等学校同和教育研究会を組織し、昭和三十六年（一九六一）の四月には、同研究会の会長となり、後に同和教育研究会京都府連合会会長、さらに全国同和教育研究者協議会副委員長として、同和教育の推進に努力した。昭和三十八年（一九六三）十月十六日、柴田實教授らの推薦で京都大学助教授（教養部配属）、文学部授業担当を兼ねるようになるまで、同和教育研究者協議会の副委員長として活躍した。そして昭和三十五年（一九六〇）二月には、私がシナリオを書いて映画「部落」を京都府立高校同和教育研究会で製作した。在日の鄭詔文《チョンジョムン》さんの希望で、後にフィルムは高麗美術館に寄贈することになった。

## 京都大学と同和問題

京都大学の教官となってからも、京大ではじめて部落史ゼミナールを開講し、全学によびかけて同和問題委員会を設置して、各学部より委員を選出しその委員長をつとめた。

部落研究者としては、『新しい部落の歴史』（部落問題研究所）・『新修大阪の部落史』（解放出版社）・『部落解放史』（解放出版社）・『部落史をどう教えるか』（日本放送出版協会）などに執筆したり、監修として『奈良の部落史』（奈良市）、委員長として『大阪の部落史』（十巻、解放出版社）の完成につとめたりしてきた。

部落史の研究も私の研究史にとっては不可欠の分野となった。そして差別からの解放が人権文化の主要な核であることを学んできた。

## 在日の問題

鴨沂高校の教諭に転任してすぐに三年十一組の担任となった。クラスの生徒のなかに在日の朝鮮人金鐘振《キムジョンジン》君（日本名朝野光照）がいた。京都市北区上高野の朝野君の家を家庭訪問した時、朝野君はしみじみと小学生以来在日の生徒としていじめられてきたことを語った。

そして柳行李から赤茶けになった一枚の写真をとりだした。それは大正八年（一九一九）、植民地であった朝鮮の三・一独立運動の人びとが日本の憲兵に銃殺されている写真であった。朝鮮の在日の苦労と怨念に衝撃をうけた。在日の人びとの人権を確立するための運動に協力するようになったのはそれからである。

　そして昭和四十八年（一九七三）から日朝友好促進京都婦人会議顧問などを引き受けるゆかりは朝野君とのふれあいからである。

## 帰化と渡来と

統一国家のない時代や、天智天皇九年（六七〇）の庚午年籍などが存在しない時期、帰化すべき国家がなく、帰化のあかしとなる戸籍が作製されていない段階に「帰化人」がいるはずはない。

私は「帰化」という用語が「内帰欽化」の略称であって、『古事記』や『風土記』には「帰化」の用語がなく、「渡来」あるいは「渡来者」と書くのに対して、『日本書紀』は、日本版中華思想にもとづいて、好んで「帰化」の用語を使用したことを指摘した。そして「帰化した人」を「帰化人」とよぶこと自体も問題だが、帰化していない朝鮮半島などからの渡来人を「帰化人」と称するのは正しくないことを、昭和四十年（一九六五）の六月二十五日に出版した『帰化人』（中公新書）で明記した。そして「帰化人」よりも「渡来人」とよぶ方が適切であると主張した。

それまでの日本の研究者のほとんどは朝鮮人などの遺跡がみつかると「帰化人の遺跡」とよんでいた。それは誤りで、「渡来人」とよぶべきだとしたのを上田の造語と批判した人もいたが、とんでもない。『古事記』や『風土記』の古典には「帰化」はなくて「渡来」・「参渡来」と記しているのである。詳しくなるが参考のために、以下に『日本書紀』の用例をみておこう。

## 『日本書紀』の「帰化」の用例

『日本書紀』には「帰化」の用例（十二）・「化帰」の用例（一）、あわせて十三例がある。まずそれぞれについて検討することにする。

① 崇神天皇十二年三月の条の詔「海外までも既に帰化」

② 垂仁天皇二年是歳の条（一云）「伝に日本国に聖皇ますと聞いて帰化」（大加耶国王子）

③ 応神天皇十四年是歳の条「弓月君人矢百二十県を領《ひき》いて帰化」

④ 推古天皇三年五月の条「高麗の僧慧慈帰化」

⑤　推古天皇二十年是歳の条「百済人味摩之帰化」
⑥　推古天皇二十四年三月の条「掖玖《やく》人三口帰化」
⑦　舒明天皇三年二月の条「掖玖人帰化」
⑧　天武天皇十年八月の条の詔「帰化初年（「三韓の諸人」）、倶に来る子孫は、並に課役を悉《ことごと》くに免ず」
⑨　持統天皇四年二月の条「新羅の沙門詮吉・級飡《きうさん》北助知ら五十人帰化」
⑩　持統天皇四年二月の条「帰化新羅の韓奈末許満《かんなまこま》ら十二人をもつて、武蔵国に居らしむ」
⑪　持統天皇四年五月の条「百済男女二十一人帰化」
⑫　持統天皇四年八月の条「帰化新羅人らをもつて、下毛野に居らしむ」

崇神天皇十二年の条や垂仁天皇是歳の条の分註に、早くも「帰化」という語がみえるが、これらの本文や分註の表現は、『日本書紀』の編集者らによって文飾され作為されたことを示すものである。①詔文は『漢書』（鴻嘉元年二月の条の詔文）によって文飾されているばかりでなく、「海外までも既に帰化」とする意識じたいが、〝日本版中華思想〟にもとづくものであった。②の分註（一云）は、意富加羅国《おおから》（大加耶国）の王子と伝える都怒我阿羅斯等《つぬがあらしと》の越前敦賀への渡来にかんする記事で、その文に「日本国」とあり、「聖皇」と記載するのも「日本国」の称が用いられてから後の表現によるものだし、また「聖皇」とあるのも儒教的な潤色である。

それなら③以下の「帰化」の用例はどうか。そのすべてが、後に論述する古代法の「帰化」の意味や内容に合致するかというと、必ずしもそうではない。③の「弓月君」は百済の人と伝えているが、その「帰化」は「戸籍」に登録し、本貫（本拠地）を定めたものではない。たんに「渡来」したことを述べたものである。④高句麗僧慧慈の場合はより具体的で、その年に「渡来」してきたことを意味するにすぎない。なぜなら聖徳太子の師となり飛鳥寺（法興寺）に居住したこの高僧は、『日本書紀』も推古天皇二十三年十一月の条に「高麗慧慈国に帰りぬ」と「帰国」したことを記しているように、いわゆる「帰化」の人ではなかったからである。

この「帰化」と同義に用いられたものに「化帰」がある。たとえば次の用例がそうである。

⑬　垂仁天皇三年三月の条（一云）「日本国に聖皇ますと聞きて、則ち己が国をもつて弟知古《ちこ》に授けて化帰」

この「化帰」は「帰化」と同語で、この例も天日槍《あめのひぼこ》（天之日矛）が「渡来」してきたことに関連する表現である。その文言にみえる「日本国」や「聖皇」の表現にも潤色のあとがいちじるしい。

この「帰化」十二例・「化帰」一例のなかみをみて気づくのは、中国から渡来した人には全く「帰化」の用語を使わず、高句麗・新羅・百済・加耶の人びとが十例、掖玖《やく》（屋久島）の人が二例であり、一般的な用語が一例となっていることである。

このように朝鮮半島などからの渡来人を『日本書紀』は「帰化」の人と表現したが、私の問題提起によって、「渡来人」と表記する人が少しずつ多くなったが、昭和四十七年（一九七二）の高松塚古墳の壁画検出を契機に、渡来人・渡来文化をマスコミが使うようになり、歴史の教科書から「帰化人」が消えて渡来人となった。

# 大仏の造立と高野新笠

『帰化人』のなかで、八世紀のなかばの天平勝宝四年（七五二）四月九日、東大寺大仏開眼供養会が執行され、『続日本紀』に「なすところの奇偉あげて記すべからず、仏法東帰より、斎会の儀、いまだかくのごとくさかんなることはあらざるなり」と述べていることに言及し、高さ五丈三尺五寸のあの雄大で荘厳な大仏造立の現場のリーダーが、百済の官人（徳率・第四位）であった国骨富の孫である国中連公麻呂であることを指摘した。『東大寺要録』に載す「大仏師従四位下国公麻呂」（「大仏殿碑文」）がその人であり、六六三年の白村江の戦いで百済が敗北したころに渡来してきたのが彼の祖父であることを強調した。

そしてまた桓武天皇の生母である高野新笠がまぎれもなく、百済の武寧王の子純陀太子の子孫であることを明記した（『続日本紀』）。二〇〇二年のサッカーW杯が、日韓共催で実施された前年の十二月二十三日、天皇誕生日の記者会見でそのゆかりを陛下が語られて周知された。

# 武寧王の血脈

そのことは、勅撰の史書『続日本紀』の延暦八年（七八九）十二月二十八日の条に高野新笠夫人が崩去したことを記し、明年（延暦九年）の正月十四日、中納言正三位藤原小黒麻呂が 誄《しぬびごと》を申して「天高知日之子姫尊《あまたかしるひのこひめみこと》」という諡《おくりな》を奉ったと述べていることからもわかる。そして正月十五日の条には大枝山陵（京都市西京区大枝沓掛）に葬ったことを記載し、つぎのような崩伝を明記する。

「皇太后の姓は和氏《わうじ》、諱《いみな》（実名）は新笠、贈正一位（和）乙継《おとつぐ》の女《むすめ》なり、母は正一位大枝朝臣真妹《まいも》、后の先は百済武寧王の子 純陁《じゅんだ》太子より出づ」と。さらに「皇后は容徳淑茂《しゅくぼう》（容姿も徳義もすぐれ）にして、夙《つと》に聲誉《せいよ》をあらはす」と批評し、光仁天皇の即位前に夫人となり、「今上（桓武天皇）・早良《さはら》・能登内親王を生んで宝亀年中（七七〇―七八〇年）に高野朝臣を名乗り、桓武天皇の即位によって皇大夫人となり、延暦九年には皇太后と尊称した」と記述する。

重要なのはつぎの文である。「百済の遠祖都慕《つぼ》王は河伯（河の神）の女、日精（太陽の光）に感《め》でて生める所なり、皇太后は即ちその後なり、因《よ》りて謚を奉る。」

ここにいう都慕王とは、高句麗の長壽王がその二年（四一四）に、中国吉林省集安に建立した広開土王碑（高さ六・三四メートル）の冒頭に刻する建国神話の始祖鄒牟《すうむ》王であり、『後漢書』（扶余伝）に「東明」、『三国志』（魏書・高句麗伝）に「朱蒙」、『三国史記』（百済本紀）に「鄒牟」、『同』（新羅本紀）に「中牟」、『同』（高句麗本紀）に「東明聖王」、『日本書紀』（天智天皇七年十月の条）に「仲牟王」、弘仁六年（八一五）に編集された『新撰姓氏録』では「鄒牟」・「朱蒙」・「須牟祁王」・「都慕王」などと表記する始祖であった。

いまは南北に分断されているが、百済と高句麗の建国神話が共通していたことは、新笠皇太后の先祖を高句麗の始祖である都慕王（鄒牟王）としていることに改めて注目したい。そして、父の和乙継の系譜が百済の武寧王につながるというのである。しかも新笠の諡は百済の建国神話にもとづいたことがわかる。

武寧王は百済から倭国へ仏教を公伝した聖明王の父であり、一九七一年の七月、韓国忠清南道公州で、武寧王とその王妃の陵が発掘調査されて、墓誌石によって王の諱《いみな》が「斯麻」であり、癸卯年（五二三）の五月七日、六十二歳でなくなったことが明らかになった。『三国史記』の崩年と一致するばかりでなく、『日本書紀』が雄略天皇五年六月の条に、「筑紫の各羅島《かからしま》（佐賀県鎮西町加唐島）」で生まれたので「嶋君《しまきし》」と名づけたとする伝えの信憑性もたかまった。

『日本書紀』に引用する『百済新撰』では「琨支《こんき》王子の子」と記し、諱は「斯麻王」でやはり「各羅」の島で生まれたとする。もっとも『日本書紀』では斯麻王を琨支（琨伎）王の兄の蓋鹵《かぶろ》王の児とする別伝も載せているが、武寧王の実名斯麻が加唐島で誕生したことに由来することは、古代の日本列島と朝鮮半島との深いえにしを物語る好例である。

武寧王の子の純陁太子のことは、『三国史記』ばかりでなく、『日本書紀』の継体天皇七年八月二十六日の条にも、「百済の太子淳陀（純陁）薨《みう》せぬ」とみえている。高野新笠にかんする史料としては、かつて中宮大夫でもあった和気清麻呂が記録した「和氏譜」にその系譜の伝承が詳述されていたにちがいない。

# 百済王氏の活躍

ついでながらにいうと、古代日本とゆかりの深い百済王には、武寧王とは別に、百済の事実上の最後の王といってよい義慈王の流れがあった。六六〇年の六月から唐・新羅の連合軍が百済を挟み撃ちにして百済は滅び、九月には義慈王や王族をはじめとする一万二千余人が唐へ連れ去られた。

舒明天皇の代にその義慈王の子である豊璋《ほうしょう》と善光（禅広とも書く）は倭国へ渡来したが、百済の復興を願う遺臣たちは、王子豊璋の帰国を求めた。しかし六六三年八月の白村江の戦いで敗北した豊璋は、高句麗へ逃亡、倭国にとどまった王子善光は持統朝に百済王を名乗ることを許される。その後裔が奈良時代から平安時代にかけて実力を発揮して政界に重きをなした。その善光の曽孫が百済王敬福《きょうふく》である。

百済王敬福は天平二十一年（七四九）の二月、東大寺大仏開眼のために、総計で黄金九百両を献上したが、敬福と東北の陸奥とのかかわりはかなり早い。そのことは任官のプロセスにも反映されている。敬福は天平十年（七三八）四月すでに陸奥介になっており、天平十五年（七四三）の六月正式に陸奥守に就任しているのをみてもわかる。一時上総守に転じたが、天平十八年（七四六）の九月には再び陸奥守に返り咲き、黄金献上の功によっていちやく従三位に昇進して宮内卿になった。そしてさらに河内守を兼任することになる（天平勝宝二年（七五〇）のころ）。ついで天平勝宝四年（七五二）の五月には常陸守、その後出雲守・伊予守・讃岐守を歴任、天平神護二年（七六六）の六月二十八日、刑部卿従三位を最後に六十九歳で没した。

この敬福の孫にあたる明信《みょうしん》は、桓武天皇の信任をえて尚侍《ないしのかみ》（内侍所の長官）となり、右大臣にまで昇りつめた藤原継縄《つぐただ》の妻になった。百済王氏の出自で桓武朝廷の後宮に入侍した女人は少なくとも九名におよぶ。百済王武鏡の娘は太田親王を生み、俊哲の孫娘貞香は駿河内親王を生んだ。明信の孫娘南子も伊登内親王をもうけている。延暦九年（七九〇）の二月二十七日、桓武天皇の「百済王らは朕が外戚なり」との詔がだされたのもこうしたありようにもとづく。

## 郊祀のはじまり

ここで改めて注目すべき史実がある。それはわが国で十一月冬至の日、中国皇帝と同じように都の南郊で郊祀を斎行した、確実な最初の天皇が桓武天皇であり、その場所が交野《かたの》(枚方市片鉾本町のあたり)であったことだ。

それは『続日本紀』の延暦四年(七八五)十一月十日の条や延暦六年十一月五日の条で、はっきりとたしかめることができる。とくに延暦六年のおりは、その十月十七日に桓武天皇の交野への行幸があって遊猟、藤原継縄の別業(別荘)を行宮にしたばかりでなく、十一月の交野での郊祀の祭文は、百済王明信の夫（継縄）が奉告したことを記す。

その祭文は唐の皇帝の郊祀の記録（『大唐郊祀録』）の中国皇帝の祭文と同じであり、わずかに最後の箇所すなわち「高紹天皇（光仁天皇）配神作主（神に配して祀る）、こひねがはくば饗《う》けたまへ」という文が付け加えられた部分が異なるだけである。

桓武天皇は延暦二年（七八三）から延暦二十一年（八〇二）までの間に、交野への行幸を十三回もされているが、そのうちの延暦十二年（七九三）十一月十日の場合はその日が冬至であり、おそらく郊祀のためであったと考えられる。

敬福が河内守であったころに創建されたとする説が有力な百済寺の跡（枚方市中宮）は、発掘調査によって東西両塔の薬師寺式伽藍配置で、国の特別史跡になっている。そのころからこの地域は百済王氏の有力な本拠地となり、近くに敬福ゆかりの百済王神社が鎮座するのも偶然ではない。

前述したように交野の地は百済王氏の有力な本拠地であって、いかに桓武朝廷と百済王氏とが深いつながりをもっていたかがうかがわれよう。百済王と皇室とのかかわりは、けっして武寧王だけではなかったのである。

## 『日本のなかの朝鮮文化』

昭和四十三年（一九六八）の秋、東大阪市の鄭貴文《チョンギムン》氏と、その弟で京都市北区に住む鄭詔文《チョンジョムン》氏が、司馬遼太郎さんの紹介で京都紫野に住いする私宅を訪ねてこられた。司馬さんの『故郷忘じがたく候』（文春文庫となる）を『文藝春秋』で読んでいたから、「朝鮮への想いのたけの深い」ことは知っていたが、しかし出会ったことはなかった。後に司馬さんは「『帰化人』を読んでいたからら」と言われたから、そうだったのかと思った。

聞けば『日本のなかの朝鮮文化』という季刊雑誌を出版したい。古代を中心にするので司馬さんと共に顧問になってほしいとの依頼であった。私に異論はない。快諾して翌年の三月創刊号が発刊され、五十号までつづいた。毎号の座談会は好評で、多忙の司馬さんと私は必ず参加することになった。

中央公論社が四冊の単行本にまとめ(後に中公文庫)、金達寿《キムダルス》さんと私が「日本のなかの朝鮮遺跡めぐり」の臨時講師となり、東は群馬県から西は岡山県まで三十二回実施した。これらが前提になって高麗美術館が創設されることになり、現在も私が館長をつとめている。

# 家族の協力

私事になるが、昭和二十九年（一九五四）の十一月二十七日、関西医科大学瀬戸文雄教授の娘祐子と結婚した（平安神宮で挙式）。そして長女みさを、次女まゆみ、三女かおるが誕生した。みさをは国家公務員の夫との間に一男・一女が出生、かおるは文具メーカーの役員との間に、やはり一男・一女をもうけた。

みさを夫妻は私の住む穴太宮垣内の近くに住んで、私の世話役まゆみの都合が悪い時は手助けにかけつけてくれるし、かおる夫妻は高槻市に居住しているが、かおる自身はブック・デザイナーとして活躍し、歌集『共生』・『鎮魂』・

『史脈』、および私の八十一冊の単著のうち『「とも生み」の思想』（明石書店）ほか十二冊、共著では『日本の神々』（鎌田純一氏と、大和書房）ほか三冊の装幀をしてもらった。

三女それぞれにかかわりを持ちつづけているのをありがたく幸せだと思っている。とくに長女の長男が神職の資格をとって、神事の後継者になっていることは安心である。

妻祐子は平成二十三年（二〇一一）十月十五日、黄泉路へと旅立った。享年八十二歳であった。なにごとにつけても控え目な人であって、清楚な人柄であった。パーキンソン病で入院は五カ月に及んだが、死を見とって、私は他の人のいない部屋で思わず号泣した。

見合い結婚であったが、最初に出会った時の会話のなかで「今の憲法をどう思われますか」と質問された。私の政治に対する姿勢への問いかと考えてかなり緊張して答えたことを改めて想起する。後で聞けば彼女が勤めていた京都市教育委員会社会教育課内での憲法論議の延長に過ぎないとのことで苦笑いする始末であった。

養嗣子となった上田家には、養母と叔母と足の不自由な叔母の弟が同居しており、気苦労が多かったに違いない。しかし優しく仕えてもらった。芯の強い彼女はその苦労はほとんど私には語らなかった。亡くなってから妻の存在がいかに大きな支えであったかを痛感している。

# 第二章　中央史観の克服

# 東アジアと古代の日本——日本版中華思想

私は一九六〇年代からいち早く東アジアのなかの日本を研究のテーマとし、古代の日本と東アジアの関係を探究してきたが、著書の八十一冊目が『古代の日本と東アジアの新研究』であったのも偶然ではない。それはたんに過去の問題であったばかりでなく、現在そして未来のあるべき方向を示唆し展望する課題につながる。

天平十年（七三八）のころに書かれた、「大宝令」の注釈書である『古記』（『令集解』所収）に「隣国は大唐」、「蕃国は新羅」なりと表現しているが、「大宝令」や「養老令」に記載する「隣国」は新羅（統一新羅）ではなく唐であり、しかもこれを畏敬して「大唐」と表記し、新羅や渤海は日本に朝貢する「蕃（藩）国」とみなしていたことがわかる。中国からみれば日本は「東夷」だが、七・八世紀の日本の為政者は、日本は東夷のなかの「中華」であって、日本国内では東北の人びと（蝦夷）や南九州の人びと（隼人など）を「夷狄」とみなした。

そして新羅はもちろん、ついで渤海は、「中華」である日本へ朝貢する国として処遇した。私のいう「日本版中華思想」がそれである。『日本書紀』の五世紀後半の雄略天皇七年是歳の条の「中国」、『続日本紀』の文武天皇三年（六九九）七月の条や養老六年（七二二）閏四月の条にみえる「中国」は「日本」を指し、『続日本紀』では日本を「華夏」・「華土」と表記するのも「日本版中華思想」にもとづく。この思想は幕末・維新期のころによみがえり、朝鮮半島を植民地化し、さらに中国、南海の台湾をはじめとする諸島を侵略することになる。

明治の「脱亜論」や昭和の「興亜論」は、形をかえた「日本版中華思想」であった。平成二十七年（二〇一五）の一月三十日に出版した『「古代学」とは何か』（藤原書店）のなかに日本版中華思想の内容を詳述し、「日本版中華思想の克服」が今もなお必要であることを強調したのは理由あってのことであった。

## 中央史観の克服

今ひとつ申し添えたいことがある。歴史研究者のなかにもある、政治や経済そして文化がすべて都から各地域に拡がったと考える、私のいう悪しき中央史観についてである。

そもそも中央に対して地方という表現が明確に使われるようになったのは、明治に入ってからである。遷都の詔がだされないままに、江戸城が皇居とされ、江戸城は東京城と改称された。江戸が東京とよばれるようになったのは、明治改元に先立ち、京都は西京と称されるようになる。明治四年（一八七一）の七月十四日、廃藩置県が断行されて、事実上東京は中央となり、全国各地は地方とみなされるようになった。

地方という漢字の熟語は、明治以前にももちろん使われていたが、「じかた」と表現されていた。たとえば室町幕府の職名に地方頭人《じかたとうにん》があり、京都洛外の家屋・宅地・市場・道路などを管理した。江戸時代の農政や農村などについて記した書は地方書《じかたしょ》といい、名主(関西では庄屋)・組頭・百姓代の三役を地方《じかた》三役《さんやく》とよんだ。

# 出雲の息吹

地方《じかた》は在地の意味が強く、今日の地方《ちほう》とは内容を異にする。中央あっての地方ではない。各地域があって都が存在する。

学術関係を中心に八十一冊の単著を公にしてきたが、なかでも地域の重要性を痛感したのは、山陰のカメラマンとして有名な植田正治さんと一緒に出雲の各地を取材して、『出雲の神話』（淡交新社）をまとめたおりであった。

『古事記』や『日本書紀』の出雲の国譲り神話とは異なって、天平五年（七三三）の二月に出雲臣広嶋らが編集した『出雲国風土記』では、「但《ただ》、八雲立つ出雲国は、我が静《しず》まりまさむ国と、青垣山廻らし賜ひて守りまさむ」（意宇郡母理《もり》郷の条）と大穴持命《おおなもちのみこと》（大国主命）が宣言するような主体性・独自性・地域性が、それぞれの土地の伝承にうけつがれていた。

出雲大社の本殿の高さは現在でも八丈ある。はたして社伝のかつては十六丈あったという説はどうか。私は前著で「十六丈の高さを有するものが、この宮地に造営されていたことはたしかな事実であろう」と述べたが、平成十二年（二〇〇〇）九月には発掘調査によって「金輪《かなわ》御造営差図《さしず》」に対応する直径約三メートルの岩根の御柱（心の御柱）が姿を現わし、年輪年代測定によって一二二七年の数年後ごろに抜採された杉の巨柱三本の組合せであることがたしかとなった。おそらく宝治二年（一二四八）の造営のおりの巨柱であろう。古代においても大和から出雲をみるだけでなく、出雲からグローバルに考察する必要がある。知事の要請により島根県立古代出雲歴史博物館名誉館長をつとめているのも、それなりの理由がある。

私が論著や講演などで、「地方」という用語を使わずに地域という表現を用いてきたのも、悪しき中央史観に陥ることを避けるためであった。したがって『古代出雲の文化』（朝日新聞社）や『古代を考える　出雲』（吉川弘文館）・『吉野――悠久の風景』（講談社）などの編者となり、『丹波学叢書』（亀岡市）や播磨学研究所名誉所長として『播磨人気質を探る』（神戸新聞総合出版センター）あるいは『古代吉備国論争』上・下（山陽新聞社）ほかに出稿執筆してきたのも、出雲や吉野丹波や播磨から、さらに吉備から日本古代の実像に迫るためであった。

したがって各地の地域史の監修や編者として『篠村史』（一巻）・『八日市市史』（六巻）・『城崎町史』（二巻）・『山城町史』（二巻）・『宮津市史』（八巻）・『向日市史』（四巻）・『亀岡市史』（八巻）などをまとめてきたのである。

# 第三章　生涯学習・女性学と世界人権問題研究センター

# 生ける歴史

研究のためのみの考察ではない。イタリアの歴史学者であり哲学者であったベネデット・クローチェのつぎの言葉を想起する。「歴史は生きた歴史であり、年代記録とは死んだ歴史である。歴史とは現在的歴史であり、記録とは過去の歴史である」と。

文書や記録をいくら並べてもそれは文書集であり、記録集であるにすぎない。文書や記録には自分らの行為を正当化するための誇張があったり虚偽があったりする。たえず現在の時点から実証的に読み解かなければ、「生きた歴史」にはならない。「死んだ歴史」になり、たんなる「過去の歴史」にすぎなくなる。

クローチェは一八六六年に生まれて一九五二年に亡くなった。一九二〇年から二一年のジョリッチイ内閣の文相をつとめ、ファシズムが擡頭したおりには反対はしなかったが、ファシズムが独裁体制をつくると反ファシズムの立場を貫いたすぐれた歴史家であった。

私は学生時代にクローチェの『歴史叙述の理論及び歴史』（羽仁五郎訳、岩波書店）を読んだときから「生きた歴史」をめざして歴史学を学んできた。

# 生涯学習

それを実生活に活かすために取り組んできたひとつに生涯学習がある。世界的に生涯教育・生涯学習がはじまるのは、一九六五年からである。当時ユネスコの教育局継続教育部長であったポール・ラングランがワーキング・ペーパーを提出して「生涯教育」にかんする問題提起を行なった。「教育は児童期・青年期で停止するものではなく、人間が生きている限り続けられるものである」として、「発達の総合的統一性」を強調した。換言すれば家庭教育・学校教育・社会教育の関連を整序して、個別に実施するのではなく「合理的な計画化」が必要であることを主張した。私はその提言を読んで共感し、「生涯教育こそ、平等化の要素となり、またその結果違った文化に属する人びと及びグループ間の真の交流の要素になる」という指摘に共鳴した。

わが国においては昭和五十六年（一九八一）に中央教育審議会がその答申のなかで「生涯学習」を重視した。「生涯教育」というと、とかく教える側に重点がおかれがちであり、学ぶ側に主体をおく「生涯学習」の方が適切な表現である。京都市ではいち早く生涯学習の必要性を認識し、私が座長となってその要綱をまとめた。比叡山ホテルに合宿して討議したこともあった。そして平成十年（一九九八）の十一月三日には京都市生涯学習振興財団が設立され、その理事長に選出されて今日におよんでいる。

地元亀岡市では昭和六十三年（一九八八）の三月にやはり私が座長となってまとめた「亀岡市生涯学習都市構想」にもとづいて、関西で最初の生涯学習都市宣言を議会で採択して、平成二年（一九九〇）の三月二十四日、生涯学習かめおか財団がスタートして、裏千家の千登三子さんに理事長をお願いし、私は顧問となった。しかし残念だが千登三子さんが亡くなって、そのあとを千宗室（現玄室）さんにお願いし、平成二十三年（二〇一一）五月からは私がその後を受けついでいる。

生涯学習とのかかわりも、私の生ける歴史の実践のひとつといってよい。

## 二つの名誉市民

滋賀県の八日市市（現東近江市）の市民大学学長を長年つとめ、『八日市市史』（全六巻）の監修委員長となった業績などによって、八日市市名誉市民になったのは平成十六年（二〇〇四）のことであった。

ふるさと亀岡では前述したように、生涯学習かめおか財団理事長として活躍し、『亀岡市史』（全八巻）のやはり監修・委員長となり、コレージュ・ド・フランスに倣って設けたコレージュ・ド・カメオカの運営にたずさわるなど、その功績は多大であるとして、亀岡市名誉市民の称号を平成十八年（二〇〇六）

に贈られた。当時の市長谷口義久さんは、生涯学習の場としても全国的に注目されている大規模で効率的なガレリアかめおかを創設されたが、市民のなかには反対する人がかなりあった。「先生は谷口市長に利用されている」と拙宅にこられた方々に対して、谷口市長の意図を説明して、理解していただいたことを懐しく回想する。利用者は予想以上であり、年間約五十七万人で、早く申し込まないと利用できない場合がある。

京都府・京都市・亀岡市よりは特別功労者として表彰されているが、二つの市の名誉市民であることは、わが人生に色どりを添える。

## 大阪女子大学学長として

平成三年（一九九一）の三月三十一日、京都大学を定年退官して、同年の四月一日に京都大学名誉教授となったが、はからずも同年の六月一日大阪府立女子大学学長となった。それより以前平成二年（一九九〇）三月十六日、東京国際ホテルで、東アジアを中心とする歴史学者・考古学者を中心にアジア史学会を創立、江上波夫東京大学名誉教授を会長に選出し、私は会長代行に指名されていた。大阪女子大学の学長になんの相談もなく当選したとの電話連絡があったのは、アジア史学会の用務で、北京のホテルに滞在している時であった。

学長に就任してはじめて大学へおもむいて驚いたのは、日本で最大の前方後円墳（伝仁徳天皇陵）で全長約四百八十六メートル、もと三重の濠をめぐらし、甲子園球場が十二も入る面積を有する大山古墳のすぐそばに位置することであった。校舎の屋上からはその全貌をうかがうことができる。私のいわゆる河内王朝説の核をなすといってよい。因縁浅からずと実感した。

そして大学院修士課程（文学研究科社会人間学専攻と理学研究科応用数学専攻）を再三文部省と交渉して実現した。平成六年（一九九四）が創立七十周年になるので、寄付金の援助で女性学研究センターを創設、北京大学の女性問題交流センターと友好提携を実現した。

大阪女子大学は二期つとめたが、二期目の教授会の選挙は満票であった。大阪府との関係は強化され、その研究・教育の業績に対して大阪府よりは大阪文化賞を贈られた（平成九年〈一九九七〉十一月三日）。

また福岡県からはアジア史学会の活躍を評価して、福岡アジア文化賞（平成十年（一九九八）九月二十五日）を授与された。さらに国からは平成十五年（二〇〇三）四月二十九日、勲二等瑞宝章を受けた。

私にとって有意義であったのは、紀州熊野をフィールドとして、生物学・民俗学の立場から、明治政府の強引な神社合併反対運動に大きな役割を演じた南方熊楠を顕彰する南方熊楠賞を贈呈されたことであった（平成十二年（二〇〇〇）四月十五日）。

# 世界人権問題研究センター

自分の生涯で、最後を飾るのは、世界人権問題研究センターの創設である。一九九四年（平成六）は延暦十三年（七九四）に長岡京から平安京への遷都がなされてより数えて千二百年になる。平安建都千二百年協会の理事に就任してこの機会に世界人権問題研究センターを必ず実現したいと考えた。

協会はもとよりのこと、京都府・京都市さらに文部省に訴えて、一九九四年十一月二十二日に、京都府・京都市・京都商工会議所の協力と援助のもと、正式に全国的な研究財団、人権問題を国際的視野から総合的に調査・研究するわが国最初の専門的研究組織として文部省（現文部科学省）の認可があり、同年十二月一日から活動を開始した。

創設時の理事長は林屋辰三郎先生、所長は田畑茂二郎先生であったが、あいついで亡くなり、理事長は私が、所長は安藤仁介京都大学名誉教授がうけついだ。そして二十年、理事長としてセンターの充実につとめたが、米寿をすぎ体調不良のため、二〇一五年三月末日をもって退任した。後任は大谷實同志社大学総長にお願いした。

世界人権問題研究センターが発行している季刊誌『ＧＬＯＢＥ』（二〇一五年春の号）に「理事長を退任するにあたって」の小文を書いているので、参考のために引用することにする。

一昨年の秋から体調をくずし、なんとか気力で理事長をつとめてきたが、これ以上つづけることは、安藤所長ほかの研究員・西川事務局長をはじめとする職員の方々や関係者の皆様にご迷惑をかけるので、思い切って三月末日をもって、理事長を退任することを決意した。痛恨の想いである。

昨年十一月十日に、京都商工会議所講堂で、当センター創立二十周年の記念式典と記念講演・シンポジウムが、きわめて有意義に行われた。私の「人権文化の輝く世紀をめざして」の講演のあと、明石康元国連事務次長を中心に、安藤所長・中西寛京都大学大学院教授によるシンポジウム「国際社会における日本のあり方」が熱心に討議された。すでに理事長の退任を私みずからは予定していたので、創立二十周年には感慨無量のものがあった。

平安遷都千百年のおりはわれらの先人は、第二琵琶湖疏水事業・水道事業及び道路の拡幅・市電の運行の三大事業と、平安神宮の造営・第四回内国博覧会の京都開催・京都―舞鶴間の鉄道誘致の三大問題にとりくんで、見事になしとげたが、人権問題にかんする認識は欠落していた。

二十世紀の前半には第一次・第二次世界大戦があって、世界中が戦争の渦に巻きこまれた。そして二十世紀の後半には、民族や宗教などの対立によって再び戦争がつづき現在に至っている。二十世紀は人権受難の世紀であったといってよい。

二十一世紀こそ人権文化の輝く世紀にしなければならない。私は建都千二百年協会の千玄室理事長（後に会長）ほか幹部の方々に、京都ほど人権とゆかりある都市はほかにないことを力説し（当センター編『京都歴史人権紀行』人文書院参照）、京都府・京都市・京都商工会議所の理解と協力のもと、検討部会が昭和六十二年（一九八七）の六月に設置され、私が検討部会長に選出された。

府・市民が中心になって行う千二百年の事業だから、遷都よりも建都の方がふさわしい。ところが歴史学者のなかには遷都の用例はあっても、建都の用例はないという意見もあった。だがそれは誤りであって、たとえば桓武天皇の延暦七年（七八八）九月二十六日の詔には、明確に「建都」と記されている（『続日本紀』）。

検討部会は十回の討議を重ねて平成二年（一九九〇）の三月にそのまとめを千玄室会長に提出した。さらに政府公認の全国的な研究財団にするための設立研究会（会長は田畑茂二郎前所長、副会長は私）が翌年の十二月に組織され、平成六年（一九九四）の十一月二十二日、当時の文部省の正式認可があって、同年の十二月一日にオープンした。

当初は第一部国際的人権保障体制の研究、第二部同和問題の研究、第三部定住外国人の人権問題の研究、第四部女性の人権問題の研究の四部門だったが、あらたに第五部人権教育の理論と方法の研究が設けられ、五部門による共同研究が積みあげられてきた。そしてその成果は公開シンポジウム・『人権問題研究叢書』などで公にされ、人権大学講座・人権ガイドの養成や紫野高校をはじめとする高校への出前講座・福知山市ほかの出張講演など、研究ばかりでなく、人権の啓発にもつとめている。

創立のための苦労ばかりではない。二十年におよぶ当センターのあの日、この日のことが走馬灯のようにかけめぐる。俗に「人間は生まれながらにして平等である」と説かれる。しかし現実はそうではない。早い話豊かな家庭に生まれる人もあれば、貧しい家庭に生まれる人もいる。昭和二十三年(一九四八)の十二月、国連第三回総会が決議した「世界人権宣言」の第一条が明記しているように、「すべての人間は、生まれながらにして自由であり、かつ尊厳及び権利について平等」なのである。「いのちの尊厳」が今日ほど軽視された時代はなかった。当センターの役割はますます大きく、大谷實新理事長のもと、さらに充実し発展することを願ってやまない。

# 第四章　研究史七十年

# 天皇制とは何か——王道と覇道

私が日本古代史を本格的に研究しようと決意したのは、昭和二十年（一九四五）の敗戦の日からであった。

京都大学の卒業論文は、六七二年の壬申の乱と、『古事記』・『日本書紀』との関係を考察した「日本上代に於ける国家的系譜の成立に就いて」（主論文）と「中宮天皇考」（副論文）であった。これらの論文では大東亜（太平洋）戦争が敗北に終った昭和二十年八月十五日のその日の、「天皇制とは何か」という十九歳のおりの私自身の疑問を私なりに解明することをめざした。

天皇制が成立したのは、六七二年の大海人皇子（天武天皇）による皇位簒奪の戦い――壬申の乱以後ではないか、その壬申の乱と『古事記』・『日本書紀』の氏族系譜のなりたちとは深いつながりをもっていたのではないか、したがって壬申の乱で活躍した氏族の系譜が多く、さらに大王を称していた王者が天皇へとかわる天皇号の使用も壬申の乱のあとではないかと問うたのが、私の卒論であった。

幼年から青年期にかけて、徹底的に「学徒」は「皇国臣民」として「天皇」と「皇国」に殉ずべきであると教育されてきた私にとって、「神国日本」の決定的な敗北は私を虚脱と懐疑の淵に投げこんだのである。

卒論にもとづいて、はじめて論文を発表したのは、昭和二十六年（一九五一）三月の『国史学』五十五号に掲載された「上代氏族系譜の形成過程」であった。当時京都大学の読史会では卒業論文の発表会があり、傍聴にみえた立命館大学の北山茂夫先生のおすすめで、同年十二月の『文学』（十九巻十二号、岩波書店）に「天武朝の政治と文学」を執筆した。そして『記』・『紀』神話を中心とする日本神話のありように関する考察をまとめた、私のはじめての単著『神話の世界』（創元社）を昭和三十一年（一九五六）の六月に出版した。

私の古代史研究は、十九歳の虚脱と懐疑をスタートとして、今日までつづいてきたといえるかもしれない。右翼の人も左翼の人もその概念規定をあいまいに「天皇制」という言葉を使っているが、そもそも「天皇制」という用語は、一九三一年、世界各国の共産党の国際的組織であるコミンテルンの「三一年テーゼ」草案ではじめて登場し、これに絶対君主制という概念規定をあてたのは翌年の「三二年テーゼ」であった。

そこでは「日本の天皇制は、一方では主として地主として寄生的封建的階級に立脚し、他方では又急速に富みつつあった強欲なブルジョアジーにも立脚し、これらの階級の頭部と極めて緊密な永続的ブロックを結び、かなりの柔軟性をもって両階級の利益を代表」するシステムとのべられている。

旧憲法（「大日本帝国憲法」）のたとえば第四条に「天皇ハ国ノ元首ニシテ統治権ヲ総攬シ此ノ憲法ノ条規ニ依リ之ヲ行フ」としるし、第十一条に「天皇ハ陸海軍ヲ統帥ス」と軍の統帥権をはっきりと規定する体制は天皇制にほかならない。（現在の「日本国憲法」における「天皇は、日本国の象徴であり日本国民統合の象徴である」とする天皇のありようとは内容を異にする。）

しかし近代日本に創出された天皇制が、古来の伝統にもとづくものであるからというので、その内容を明確に吟味しないで、天皇制が古代から連綿とうけつがれてきたというのは、歴史の実相とは大いに異なる。

壬申の乱に勝利した大海人皇子は、飛鳥浄御原宮で即位して、「飛鳥浄御原令」をつくり、持統称制三年（六八九）の六月に「令二二巻」が施行された。

律令国家の前提がととのい、対外的に日本国を名乗り、天皇号を称するのも、最終的には天武・持統朝であって、大宝元年（七〇一）に完成した「大宝令」の「公式令《くしきりょう》」（公文書の様式や施行などにかんする規定）にしるすように対外的に大事を詔する時には「明神御宇日本天皇」、対内的に大事を詔する時には「明神御大八洲天皇」を称した。

神祇官・太政官八省のトップに天皇が君臨するその体制は古代天皇制といってもよい。私が六十二年前の三月の卒論で推定した壬申の乱の後に天皇制が成立したとする推定は、現在の研究成果とも矛盾しない。

しかし平安時代後期に入って、摂政・関白が政治を執行するようになると、宮中は祭祀を中心とする場となり、建久三年（一一九二）の七月、源頼朝が征夷大将軍となってからは、幕府政治が日本の政治をリードした。

したがって順徳天皇が承久年間（一二一九―一二二二）に宮中の行事や故実《しきたり》を

九十二項にわたってまとめた『禁秘抄《きんぴしょう》』には「凡そ禁中作法、先づ神事、後に他事」とされ、「諸芸能の事、第一御学問也」と明記し、唐の太宗の『貞観政要』や唐代に群書から政治の要点を抜粋した『群書治要』を引用されもしたのである。

「王道」は天皇、「覇道」は幕府という体制は鎌倉・室町・江戸の各幕府にうけつがれて、元和元年（一六一五）の七月の朝廷に対する統制令ともいうべき「禁中 幷《ならびに》 公家諸法度」にも「天子御芸能之事、第一御学問也」として、「『禁秘抄』に載する所、御習学専ら要《かなめ》ニ候事」とした。

そもそも「芸能」という用語が、「学問」を指したことは、「大宝令」や「養老令」の「医疾令《いしつりょう》」（医薬の規定）にある「芸能を述ぶ」の「芸能」が学問的技能を意味していたのにも明らかである。学問にかんする規定「学令」に学問を「芸業」と表現しているのも同類である。そのいわれをさかのぼれば、中国の古典においても、古くは「芸能」が学問を意味していたことは、たとえば司馬遷の『史記』(「亀策伝」)に「芸能之路を開き、百端之学を延《の》ぶ」とのべているのにもうかがわれる。

「禁中并公家諸法度」では、三公(太政大臣・左大臣・右大臣)・親王・門跡の帝次の規定、摂政・関白・大臣の任免の規定をはじめとする規定をさだめているが、武家の官位は「公家当官の外」であって、幕府の承認を必要とするなど、朝廷と武家のまじわりを制限し、「公家家業」も幕府によって行動を規制された。

最近、後水尾《ごみずのお》天皇の中宮東福門院和子《まさこ》の御所の襖《ふすま》の引き手がみつかったが、和子が徳川秀忠の娘であったとはいえ、その引き手が三つ葉葵《あおい》の徳川の紋を、皇室の菊紋四つが取り囲んでいた。当時の将軍家と天皇家のありようを象徴するかのようである。

鎌倉・室町・江戸の各幕府による政治が具体化すると、王道と覇道は明確に両立して併存するのである。現憲法下の天皇制は王道のあるべき姿を象徴しているといってよいかもしれない。

# 私の研究史の歩み

平成二十七年（二〇一五）は戦後七十年になるが、私の研究史もちょうど七十年になる。そして昭和三十一年（一九五六）八月一日の『神話の世界』（創元社）から平成二十七年の十月三十日に出版した『古代の日本と東アジアの新研究』（藤原書店）までの八十一冊は、私の戦後七十年を反映していることになる。そのなかの『日本古代国家論究』（塙書房）は京都大学の学位論文である（京大文博）。

そして昭和四十五年（一九七〇）四月に公にした『日本神話』（岩波書店）は

毎日出版文化賞、平成三年（一九九一）の五月に出版した『古代伝承史の研究』（塙書房）は日本風俗史学会の江馬賞を受賞した。さらに平成二十七（二〇一五）の十一月四日には、東京帝国ホテルの会場で、多年にわたる古代史研究の業績に対して、古代歴史文化賞の特別賞を授与された。さらに二〇〇九年、韓国の李明博《イミョンバク》大統領から日韓友好・日朝関係史研究の業績に対して修交勲章崇礼章を贈られた。

# 井上東大教授との論争

七十年におよぶ研究史のなかで論争したのは、井上光貞東京大学教授との間であった。邪馬台国問題や日本の三〜五世紀を「日本古代貴族の英雄時代」とみなした石母田正法政大学教授の説をめぐって、奴隷制以前の「はつらつたる無政府の状態としての英雄時代」を支持する井上説と私の批判、あるいは国造制の成立をめぐって、国県制として県主制を国造制の下部組織であると断言する井上説に対して、県主制から国造・県主制への発展を主張とする私説との相互批判など、私の研究史のなかで論争らしい論争をしたのは井上教授ひとりであった（『古代の日本そして朝鮮文化』角川学芸出版）。

私が批判しても、後に熊本工業大学の教授となられた藤間生大氏のように率直に上田の批判に対して「英雄時代を三世紀から五世紀の初めにもってくる私の見解は、結論的に撤回されなければならない」（『日本歴史概説』上、河出書房、一九五四年）とされたのでは論争になるはずもない。井上教授は必ず反批判をなし、私もさらに批判するというように、尊敬するが故の論争であった。

論争のための論争ではない。あくまでも史実を明らかにするための論争であって、プライベートには『古代の日本そして朝鮮文化』でも述べたようにきわめて親しい交友関係であった。今は亡き井上光貞さんのありし日を偲ぶばかりである。

# 第五章　朝鮮通信使と雨森芳洲

# 朝鮮通信使の考察

江戸時代といえばあたかも完全な鎖国の時代であったかのように思っている人が多いけれども、それは史実に反する。慶長十二年（一六〇七）から文化八年（一八一一）まで、十二回におよぶ朝鮮通信使の来日は、江戸時代の善隣友好のまじわりとして、その交流のありようが改めて注目されている。

江戸時代といえば、しばしば「鎖国」の時代といわれるが、完全な「鎖国」が実施されていたわけではない。寛永十二年（一六三五）の五月、徳川幕府は日本船の異国への渡航禁止、日本人の海外渡航と帰国（日本在住の中国人を含む）の禁止、キリスト教の禁圧および貿易統制など十七か条を通達したが、これを「鎖国令」と称したり、あるいは寛永十六年（一六三九）の七月、来航禁止をポルトガル船に通告して帰国させたことをもって、「鎖国の完成」と呼んだりするのも、歴史の実相とかけはなれている。

まず第一にその通達や通告に「鎖国」という用語は一切使われていないないし、当時これを「鎖国」と表現した例もない。そもそも「鎖国」という言葉を使用したのは、長崎の通詞《つうじ》（通訳）であった蘭学者の志筑忠雄《しづきただお》であって、エンゲルベルト・ケンペルの『日本誌』のなかの一章を「鎖国論」と題したのに始まる。時は享和元年（一八〇一）であった。これ以後「鎖国」の用語が流行することになる。

実際にオランダや清（中国）との間では交易があり、朝鮮や琉球との間には通商ばかりでなく、外交関係もくりひろげられていた。したがって徳川幕府の記録や文書には、朝鮮王朝や琉球王朝を「通信の国」、オランダや清を「通商の国」と記すのである。寛政四年(一七九二)の九月にロシア使節のラクスマンが来日したおりに、老中松平定信が与えた諭書に、「通信なき異国の船、日本の地に来る時は、或は召捕、又は海上にて打払ふこと、いにしへよりの国法」とあるではないかとの疑問をいだく人がいるかもしれないが、松平定信による「国法の創出」であり、通信・通商の国を規定する国法も存在しなかった。

## 雨森芳洲の思想

研究史をかえりみてどうしても言及すべき人物がいる。江戸時代前期の対馬《つしま》藩の藩儒の雨森東五郎、号して芳洲という雨森芳洲がその人である。寛文八年（一六六八）五月十七日に、医師雨森清納の子として生まれ、新井白石の門下生となり、対馬藩の藩儒となった。正徳元年（一七一一）の第八回朝鮮通信使・第九回（享保四年〈一七一九〉）の真文役として活躍し、芳洲自身が五回にわたって釜山の倭館におもむいている。江戸時代のまれにみる国際人であった。

私が雨森芳洲に注目したのは『雨森芳洲』（ミネルヴァ書房）に書いたとおり

である。フランスの文学や思想の研究者であり、日本の文学や思想にも造詣の深い桑原武夫先生が「日本の名著」シリーズ（中央公論社）で『新井白石』を担当されることになった。白石には日本古代史の『古史通』や『古史通或問《わくもん》』がある。さすがの桑原先生もたやすく両書を論評することはできない。昭和四十年（一九六五）の岩波書店の『図書』十月号で湯川秀樹先生と、新井白石と本居宣長の学問のありようを対談したが、湯川先生が「上田の新井白石論はすばらしい」と桑原先生に私を推薦されて、私が『古史通』と『古史通或問』を分担執筆することになった。

日本人の自叙伝としては福沢諭吉の『福翁自伝』と新井白石の『折《おり》たく柴《しば》の記』がもっとも有名である。執筆にあたって『折たく柴の記』を読んだが、白石ほどの碩学《せきがく》が、対馬藩の藩儒であった雨森芳洲を「対馬国にありつるなま学匠」とライバル視していることをはじめて知った。そこで芳洲の出身地である滋賀県伊香郡高月町の雨森区（長浜市）をたずねて、芳洲先生ゆかりの蔵のなかで『交隣提醒』と出会った。

十八世紀の前半に先見の明を提示した雨森芳洲という先学の存在とふれあった感動は、いまなお忘れがたい。とりわけ豊臣秀吉らの文禄・慶長の役（壬辰・丁酉の倭乱）をみごとに「豊臣家無名之師《むみょうのいくさ》（大義名分のない戦争）を起し、両国無数之人民を殺害せられたる事に候」と批判しているのに、眼から鱗《うろこ》がおちる想いであった。そして結びの五十四条目にあたるところの冒頭に「誠信の交《まじわり》」とは「互に欺《あざむ》かず争はず、真実を以て交り候」ことであると、諄々と説いてあるのがわが胸にこだました。

まだ朝鮮通信使の研究が本格化する以前のことである。私はその日から、おりあるごとに「芳洲魂」を今の世に活かすことが必要であると力説してきた。そしてそれから三年ばかりの間、毎年だす年賀状に必ず芳洲の残した言葉を引用した。『朝日新聞』の「コラム」でそのことを紹介されたことを改めて思いおこす。

# 朝鮮通信使と雨森芳洲

朝鮮通信使の研究では中村栄孝氏や李進熙《リジンヒ》氏の研究が早くからあるが、朝鮮通信使の研究が本格化する前提を築いたのは辛基秀《シンギス》氏である。数年間におよぶ朝鮮通信使の調査と撮影を重ねて製作された映画、ドキュメンタリー・フィルム「江戸時代の朝鮮通信使」の上映運動が展開されたのは、昭和五十四年（一九七九）の三月からであった。私も辛基秀さんのこころざしに賛同して協力した。同年の七月、京都でその上映と講演の夕べがあったおりに、私は「朝鮮通信使と雨森芳洲」について語った。そのおりのことを七月五日の『京都新聞』

がつぎのように報じている。

芳洲が実は教育者のみならず学者（朱子学、歴史学、言語学……）、思想家・外交家、文学者といった言葉で表現してもなおはみ出すほどの全人であることを指摘していたのは、上田正昭京大教授ら、日朝関係史を偏見にとらわれない目で見直そうとする人たちであった。加えて映画「江戸時代の朝鮮通信使」が通信使と日本人との親善ぶりを各地に残る絵図などによって描く中で紹介した芳洲像が、そうした人たちの芳洲観と呼応、芳洲はやっと本来の評価をうけ始めた。

それまでは近江出身のすぐれた教育者として紹介されていたが、芳洲がいかにすぐれた開明的・国際的対馬藩の藩儒であったかを力説し、私自身も朝鮮通信使の研究をはじめるようになった。とくに多くの日本の民衆が朝鮮通信使を歓迎して民際の交わりをもったか。その史実は『江戸時代の朝鮮通信使』（毎日新聞社）・上田正昭編『朝鮮通信使』（明石書店）・『朝鮮通信使とその時代』（明石書店）のなかで詳述している。

芳洲は元禄十一年（一六九八）の七月十九日から朝鮮向（方）御用の佐役をつとめている。朝鮮向とは幕府・他藩や朝鮮にかんする書状や文書を扱う書札方や表向諸役の書状や文書を扱う表書札方とは異なる。朝鮮向（方）であるから直接に朝鮮外交を担当したとする研究者もいるが、それは誤解であって、対馬藩と朝鮮王朝との通交にかかわる故事先例・慣例などを項目別にわけて書抜帳を作成することを主たる任務とする役職であった。

第八回（正徳）・第九回（享保）の朝鮮通信使の真文役として活躍したのは、朝鮮方佐役であったからというよりは、芳洲の能力が高く評価されたが故の任命であったといえよう。

## 韓語司の設立

雨森芳洲は二百石で対馬の藩儒となり、享保二年（一七一七）に三十石を加増されているが、石高は決して多くはない。しかし五十七歳の時には御用人として藩主の側近として奉仕する。私が注目するのは、享保四年の通信使来日のおりから通詞（通訳）の不足を痛感して、通訳を養成する「韓語司」を開設したことである。その第一期生は三十九名であった。その先見の明は対馬藩と朝鮮王朝との交易に大きく寄与した。

芳洲が対馬の府中へ赴任したころに、幕府と欝陵《うつりょう》島をめぐるトラブルがあった。その交渉の裏方として努力した芳洲は「一島の細事にこだわるべからず」との書面をつくったという。

『交隣提醒』に「誠信と申候ハ実意と申事ニて、互に不レ欺不レ争真実を以交り候を誠信とは申候」と明記した「誠信」の交わりこそ、現在の竹島(独島)をはじめとする日韓関係のあるべき姿を示唆する。

アジア史学会をはじめとする東アジアを中心とする国際会議に、胸を張って出席できるようになったのも、また金大中《キムデジュン》大統領の要請で山田洋次監督と共にソウルで講演し、「誠信の交わり」を力説できたのも、雨森芳洲の存在を知ってからである。

芳洲の書庫のあった高月町雨森に、「東アジア交流ハウス　雨森芳洲庵」を設立することを当時の県知事武村正義氏に進言して、昭和五十九年(一九八四)の十一月三日にオープンしたのは、私の忘れることのできないできごとである。

庵を管理しておられる平井茂彦氏の依頼で自筆の「芳洲魂」の碑が芳洲庵にあるのも、いわれあってのことである。

芳洲は十八世紀なかばの宝暦五年（一七五五）正月、八十八歳で亡くなったが、対馬を訪れるたびに、対馬の長寿院の墓には詣でることにしている。

# 概説書と入門書

歴史の研究者としては、いつの日か自分の専門分野の概説書とその入門書を書きたいと思っていた。幸いにも新潮社から、平成二十四年（二〇一二）の夏ごろ、日本古代史の概説を、私の専攻する時代を中心に『私の日本古代史』（上）・（下）としてまとめてほしいという依頼があった。すぐに執筆にかかり、（上）・（下）を同年の十二月に、縄文・弥生時代から日本古代国家が確立する天武・持統朝までを書きあげて出版した。

私が予想した以上に売り切れ、増刷に増刷を重ねて、（上）・（下）あわせて五万冊をこえる売り上げとなり、翌年のはじめにはこの種の学術書としては珍しいベストセラーの一位となった。

ついで文献や記録のみでなく、考古学の発掘や民俗学の調査のみのり、国文学・国語学・歴史地理学などの研究成果を総合した古代学入門書をやはり新潮選書として公にすることとなって、平成二十六年（二〇一四）の九月には『日本古代史をいかに学ぶか』を出版した。

概説と入門書を書きあげ、この三書を加えた八十一冊に及ぶ単著をまとめて、上田史学はそれなりの構成と内実を具体化しえたと思っている。後学の研究者の考察に少しでも寄与するところがあれば幸いである。

雨森芳洲は数え年八十八歳で亡くなったが、私は体調不良を重ねながらも、それよりは長生きして今日にいたっている。この覚え書きは、研究自体『アジアのなかの日本再発見』（ミネルヴァ書房）を補足する追い書きであり、その背景を少しでも理解していただきたいと願っての老い書きである。上田史学に関心のある人びとへの参考になることを願ってやまない。

# 第六章　海外渡航

# 好太王碑の観察

なお補足しておきたいことがある。それは私みずからの海外への渡航である。はじめて海外へおもむいたのは、昭和四十五年（一九七〇）の八月、ロシアのモスクワで開催された国際歴史学会への出席であった。東洋学研究所の要請で部落問題について講演した。熱心に質問された研究所の所員の問いは「なぜ日本には現在も部落差別があるのか」という本質的な質問であった。

韓国へは八度訪韓しているが、昭和四十六年（一九七一）の七月、韓国忠清南道の公州の宋山里古墳群でその七号墳が武寧王と王妃の墓であることが明らかとなり、ソウル大学金元龍教授の招きで実地に見学し、調査の成果を確認したことや、ソウルの中央博物館での国際シンポジウムで講演したこと、いち早く慶尚南道蔚珍《ウルチン》郡鳳坪里でみつかった甲辰年（五二四）の新羅古碑（『三国史記』地理志の「波旦県」の「波旦」を記す）を実地調査したことなどが強い印象に残っているが、朝鮮民主主義人民共和国にも定陵寺の発掘助言などで、一九八〇年七月をはじめとして、訪朝している。

とくに昭和六十一年（一九八六）の四月には、日本学術代表団の副団長（団長は江上波夫東大名誉教授）として平壌国会議事堂で、共和国の代表的な歴史学者・考古学者と討議した日は忘れがたい。前年にわが国で高句麗文化展が開催されたが、江上波夫東京大学名誉教授が東日本の代表となり、私は西日本の代表をつとめたのに対する感謝の招待であった。同年の七月には京都市社会科学者学術代表団の団長として三度目の訪朝をしている。

中国を訪れたのは十二回である。ただし朝鮮民主主義人民共和国とは国交がないため、北朝鮮への入国許可は北京の北朝鮮大使館でなされるので、そのおりは北京には必ず滞在し、中国社会科学院考古研究所の王仲殊教授らと懇談したから、その回数を加えると十五回となる。

漢の武帝が設定した楽浪・玄菟・真蕃・臨屯の四郡のなかで、高句麗は玄菟郡の支配に抵抗して、紀元前一世紀のはじめに興起し、徐々に玄菟郡の勢力を駆逐し、鴨緑江とその支流渾江《こんこう》の流域を統治して、中国遼寧省の桓仁（卒本）を都にした。そして三世紀には吉林省集安の国内城に遷り、四二七年には平壌に遷都した。

遷都した平壌は、現在の平壌市街地ではなく、そこから東北へ六キロほど離れた大城山城一帯であった。周囲七キロあまりの大城山城は逃げ城の機能をもっていたが、その西南麓の清岩里土城がその居城となった。

したがって紀元前一世紀から五世紀はじめまでの高句麗遺跡の調査には中国政府の許可がいる。吉林省集安にある高句麗好太王碑（広開土王碑）は、高句麗の長壽王二十一年（四一四）に建碑され高さ六メートル三十四センチの角礫凝灰岩の四角柱で、重さは想定三十七トンとされている。その碑文は父である好太王の業績ばかりでなく、高句麗の建国神話と王系を記して、守墓人烟戸の名簿を作成し、守墓人の売買禁止を周知徹底させて、守墓の制度の安定維持をはかることを目的として建てられている。

高句麗の建国を研究するさいにも無視できないばかりでなく、守墓人制の再編成をも示唆する碑文である。ところが第一面の九行目に「而《しか》るに倭、辛卯の年（三九一）を以て、来りて海を渡り、百残（百済）を破り、□□新羅、以て臣民と為す」と記述する。朝鮮半島の植民地化をめざす旧日本陸軍参謀本部がこの記載をみのがすわけはない。明治二十四年（一八九一）のころから、好太王碑の考証がはじまり、「隠密偵方」であった参謀本部員であった酒匂《さこう》景信中尉（「桂太郎意見書」、『大王の世紀』小学館）が朝鮮旅行中に、その雙鉤《そう》加墨本（碑文のまわりを縁どりし、墨を塗ったもの）を入手、参謀本部でその解読が進められた。

在日考古学者の李進熙《リジンヒ》氏が、数多くの好太王碑の拓本を集めて比較検討し、陸軍参謀本部による碑文の「石灰塗布作戦」が行われた（『広開土王陵碑の研究』吉川弘文館）と推定した。この問題提起は大きな反響をよんで、中国吉林省考古研究所の王健群所長は碑文そのものを詳細に検討して反論し（『好太王碑研究』吉林人民出版）、さらに中国の王仲殊・安志敏、北朝鮮の朴時亭・金錫亨・蔡熙国・未栄亮、韓国の鄭寅普各氏などあいつぐ国際的な論争となった。

さまざまな拓本による考察には限界がある。なによりも原碑そのものを実際に検討しなければならない。そこで中国社会科学院の郭沫若氏に現地での調査の依頼状を提出した。その返事が、一九七四年六月十七日付で、京都大学の私の研究室宛できた。その文には社会科学院考古研究所で検討させるから、いましばらく時日を待ってほしいと丁寧に書かれていた。そしてついに昭和五十九年（一九八四）の七月、東北大学の寺田隆信らと十名の研究者で実地におもむいて観察することができた。

私の結論は、碑文にはところどころに、今もなお石灰が部分的に残っているが、第一面ばかりでなく、石灰の付着は四面のすべてに少しずつ残存しており、拓本をとって販売していた人が拓本がよく読めるようにしたしわざであろうと考えている。

# 訪中と民際

訪中のはじまりは、京都市が中国陝西省西安市（唐の長安）と友好都市の締結をするさいに、船橋求己市長から「先生は日中関係にも詳しいから是非団員として参加してほしい」と要請されて、昭和四十九年（一九七四）の五月、京都市友好代表団のメンバーとなったおりからである。

当時は北京への直行便はなく、香港から深圳、広州へと列車で入ることになった。日本からの友好団は珍しく、行く先々で熱烈な歓迎をうけた。自治体と自治体、民衆と民衆の交わりが、国際をほんものにすると、「民際」という言葉を使うようになったのはこの時からである。

アジア史学会の大会も長春市（一回）・北京市（二回）で三回開催しており、秦の始皇帝をはじめとする大同・雲崗の石崫や光武帝陵など多くの遺跡を訪れ、その回数は十二度におよぶ。西北大学や西安交通大学などでも講義し、中国の重点大学のひとつである西北大学と京都大学の友好締結も、私が仲介した。その関係などもあって、西北大学名誉教授・北京の首都師範大学の客員教授になっている。そして社会科学院古代文明研究センター学術顧問にとの要請を受諾している。

西北大学の名誉教授式と記念講演のさいには、亀岡市を中心とする市民の方々が六十名ばかり参加され、中国側の好意で、北京大学をはじめ普通では見学できない遺跡などをおとずれることができた。ささやかながらも西安の市民との民際交流も実現した。

# 雅楽のヨーロッパ公演

私がヨーロッパを訪れた最初は昭和四十八年（一九七三）の六月であった。平安雅楽会のヨーロッパ公演の団長となり、約一カ月、イタリア・フランス・ベルギー・オランダ・スペインの各地を訪問した。

私の訪欧を知ったドイツの日本文化館からは、ケルンで、日本における古代東アジアの研究についての講演依頼があって、西独へのひとり旅をしたのはこの時である。ミラノ・リヨンで雅楽についての特別講演をし、パリのユネスコ本部の依頼で「雅楽は生ける正倉院」の講演をつとめた。イサム・ノグチ庭園の特設舞台での雅楽の演奏も行われた。そのおりの状況を『芸能史研究』（一九七四年一月）につぎのように書いている。

一九七三年の六月二日から約一カ月、イタリー、フランス、西独（当時）、ベルギー、スペイン、オランダの各国を訪れる機会があった。その主たる目的は、平安雅楽会の訪欧公演にあたって、「雅楽と日本文化」についての解説ならびに講演をすることにあったが、それとは別に、ケルンの日本文化館から依頼されていた西独の日本学関係者と意見を交換する約束を果たすことも、私の訪欧目的のひとつであった。加うるに、このさいできるだけ各国の文化財保存の状況や歴史学や考古学関係の博物館を見ておこうという私的な願いもあった。

平安雅楽会訪欧公演の一行二十五名は、六月四日のイタリー、ベニスのラ・フェニーチェ劇場の演奏を皮切りに、五日のイタリー、パドバのヴェルディ劇場、六日・七日のローマのオリンピコ劇場、八日・九日のミラノのピッコロ劇場、十三日・十四日のフランス、パリのシャトウ・ド・ヴァンセンヌ青少年劇場、十五日のベルギー、ブラッセルのパレ・デ・ボーザール劇場、十八日のパリ・ユネスコ本部、十九日のフランス、リヨンの国立民主劇場、二十一日より二十四日までのスペイン、マドリッドのデ・ラ・サルスエラ劇場などで十九回におよぶ公演を行った（ただし一回はテレビ出演）。

平安雅楽会の訪欧公演に団長として参加されたいとの要請があったのは、一九七二年の八月であった。はたして私が適任かどうか、はなはだこころもとない。再三辞退したが、民間雅楽団体としてはじめて訪欧公演するその意気ごみに感動して、参加を受諾したのは、十一月中旬であった。

雅楽の訪欧公演には、一九七〇年の宮内庁楽部による先例がある。その経験に学んで、英語・仏語による解説文を用意し、演奏に先立って楽器紹介を行なうこと、大太鼓（高さ約五メートル）を現地の会場に運ぶこと、舞台も本式のもの（大小二組）を用意した（劇場の舞台が狭小な場合には小型を用いることにした）。そして西欧の人びとがなるべく理解しやすい曲目を選ぶことにした。その方針にしたがって、日本文化財団および平安雅楽会の関係者の間で、周到な準備がなされた。

検討を重ねてプログラム（A）管絃「平調音取」「越天楽《えてんらく》」「陪臚《ばいろ》」、舞楽「振鉾《えんぶ》」「賀殿《かてん》」「納曾利《なそり》」「還城楽《げんじょうらく》」「抜頭《ばっとう》」、プログラム（B）管絃「平調音取」「越楽天」「抜頭」、舞楽「振鉾」「延喜楽《えんぎらく》」「散手《さんじゅ》」「納曾利」「蘭陵王《らんりょうおう》」が決定された。

舞台・大太鼓をはじめとする楽器・装束など、四トン積みトラック二台分は、船でベニスへ運ばれ、ヨーロッパ四カ国の公演中は、専属のトラックによって各劇場へ輸送された。荘重華麗な国立劇場での公演である。劇場の雰囲気に圧倒されるのではないか。公演の初日までその不安がわが胸を去来した。

日本人においてさえ理解されていない雅楽が、はたしてエトランジェである西欧人に歓迎されるかどうか。そうした危惧も消し去ることはできなかった。だが結果は逆であった。各会場には多数の東洋学関係者・外交官・音楽家・舞踏家・演劇関係者などがつめかけ、多数の市民も会場を埋めて、予想以上の好評をうることができた。

ローマではキリコ画伯、ユネスコ本部ではピエール・カルダン、ブラッセルではパピオラ王妃・パオラ王女、マドリッドではフラメンコの名優ローズドランなどが鑑賞者のなかにあった。

大太鼓が照明に映えて、舞台に色どりをそえたし、未曾有《みぞう》の民間雅楽団体による訪欧公演を是非とも成功させたいという関係者の協力と熱演とが結実して、東洋楽舞にたいする関心と評価を高めた。最初の公演予定には、ユネスコ本部での「雅楽の夕」は入っていなかったのだが、雅楽公演の好評が、ユネスコ本部に伝わって、ユネスコ本部で開催してほしいとのにわかの申し入れを受け入れることになった。

事前の宣伝も行われていないので、どの程度人びとが集まってくるか、日本庭園に仮設の舞台を配置しているおりには、関係者のすべてが疑心暗鬼であったが、この特別公演には各国代表部の方々をはじめとする約千名が参集して、さして広くない日本庭園は、立錐《りっすい》の余地がないほどであった。会場に入りきれない人々は、日本庭園のそばの二階・三階の窓から鑑賞するという、文字通り鈴なりの盛況となった。

平安雅楽会の訪欧公演の成功は、ユネスコ本部ではじめて雅楽が演奏されるにいたった経過にも反映されていると思うが、フランスの『ルモンド』『フランスソワール』、イタリーの『イルテンポ』『メッサジェロー』『ガゼッティー』、ベルギーの『ルソワール』、スペインの『ABC』などの各新聞が、このたびの訪欧公演を有意義な催しとして紹介あるいは批評したのにもみいだすことができる。

たとえば『ガゼッティー』(六月六日付)は次のように論評した。「フェニーチェでの日本の音楽」の見出しで、西洋の産業化によって喪失しつつある西洋人のメンタリティーを問い、「昨夜、日本文化財団の主催で、フェニーチェで公演された平安雅楽会による雅楽、日本の中世の宮廷音楽に立ち会ったのは、一種の畏敬の念をもってである。二部に分かれ、その一部は音楽に、二部は舞踊に分けられていたが、われわれは東洋の象徴主義に直面して、ともかく当惑した。しかしわれわれは、いくつかの感情だけはつかむことができた。たとえば、衣裳の美しさ、演奏者の静止性は、たしかに平和と不動性の感情を与える。そして鬼神などをよびおこすような楽器の音色、舞踊者の繰り返す常に本質的なしぐさは、必要以上のことを何も残さない神秘的宗教的伝統に明らかに結びついている。すべてがきびしく研究され、演劇のあらゆる表現——動作、音色、演奏者、舞踊者の位置——は、互いに緊密に結びつけられていた。だから疑いもなく興味がある。演奏者と舞踊者の巧みさのほかに、衣裳の色彩と照明のはなやかさもそれに貢献して、大きな魅力のある催しものであった」と述べた。

その批評で雅楽を「中世の宮廷音楽」とされているところなどにも、若干の誤解はあるが、しかし「東洋の象徴主義に直面して、ともかく当惑した」と率直に認めながら、「必要以上のことを何も残さない神秘的宗教的伝統」にふれているところなどには注目すべきうけとめかたがうかがわれよう。

『ルモンド』（六月十六日付）は「ヴァンセンヌでの雅楽」の見出しで、「ヴァンセンヌ城の国立青少年劇場で、世界で最も古く、有名で神秘的な音楽の一つが、控え目にすぎるほど控え目に、フランスでの上演を行った。日本の宮廷といくつかの大きな社寺に残っている雅楽は、八世紀に集成され、朝鮮や中国の音楽に由来する。起源の時の要素と後世のそれとを区別することは難しいが、独得の保存の条件が、能の出現に先立つこと七百年前の、極東の音楽の歴史の大事な遺産の一つを形づくっている。京都の平安雅楽会の十三名の演奏者は赤やピンクや緑、葵《あおい》、黄色の衣裳を着て、あぐらをかいて坐った横笛・縦笛・オーボエが歌の旋律をかなで、口で吹く小さなオルガンの不変の和音のすばらしい調和、琵琶《びわ》と琴の簡単な参加、乾いた音の鐘、小さな太鼓、とくに驚くべきは大太鼓で、炎の形をした巨大な貝のようなものに、竜を飾りつけ、華《はな》やかに色どられ、黄金色の太陽を上にのせている。これらによって音楽が構成される。

われわれ門外漢の耳に、単調に聞こえる音楽は、正確なリズム形式の中を、笛などが故意につくるグリッサンドの上昇音によって導かれ、段を上がってゆく荘重さで、悲しみに満ちたゆっくりとした行列のようにひびく。しかしおそらく、緑とその色彩とのさまざまな絡《から》みあいの微妙さ、弦と打楽器との禁欲的な干渉の意味の深さとをとらえなければならないだろう。第二部では舞楽のための音楽に踊りがつけられている。見事な衣裳と祭服、竜、蛮人、武将の緑・青・赤の面、一人、二人、または四人で演じられる抽象的大パントマイムであって、粗野な重々しさは、動きのなめらかさと聖事の一種の体操の足どりを結びつけている」と述べた。

この論評は管絃と舞楽を、「門外漢」の立場と断ってかなり詳細に観察したものである。「横笛・縦笛」というのは、横笛と高麗笛《こまぶえ》のことか、「オーボエ」とは篳篥《ひちりき》のことでもあろうか。「口で吹く小さなオルガン」とは笙《しょう》を指すのでもあろうか。「乾いた音の鐘」とは鉦鼓《しょうこ》のことと思われるが、大太鼓の描写がとくに面白い。

ローマのオリンピコ劇場、パリのヴァンセンヌ青少年劇場では、別に青少年のためのマチネが催されたが、『ルモンド』はそのことにもふれて「子供たちは、火曜日は口笛のやじで、水曜日は口をあんぐりあけて、全く未知の芸術を迎えた。しかし大人たちが、子供たちほど当惑しなかったかというとそうではない」と付言している。

『ルモンド』の批評氏（J・L）も、率直に「当惑」したことを表明している。それは当然であろう。雅楽を「能の出現に先立つこと七百年前」としたのは、私の解説のあずかりしらぬところだが、それにしても「起源の時の要素と後世のそれを区別することは難しいが、独得の保存の条件」に注目しているのはさすがである。

音楽家の多くが、高麗笛と笙にとりわけ関心を示し、雅楽の譜面をしげしげと見いっていたのも印象的であった。そしてなかには、雅楽の旋律に「前衛の音楽」を感じたという人、あるいは指揮者のいないオーケストラ、これこそ民主的な音楽であろうと感嘆する人もあった。

当惑をおぼえながらも、雅楽と接した西欧人の反応には手応《てごた》えがあった。その受けとめ方はさまざまだが、雅楽公演によせられた関心は、予想以上のたかまりを示した。

# パリでの時代祭

このヨーロッパ雅楽演奏旅行は、私の生涯にとって、もっとも思い出深い海外の旅となったが、フランスへはその後二回招かれて講演している。

平成十年（一九九八）の七月、パリの凱旋門からコンコルド広場、そしてオペラ座へと、時代祭の風俗行列を展開することになって、その考証委員として参加した。パリ市長らへの解説のほか、日本文化館で開かれたシンポジウム「時代祭と日本文化」の基調講演をつとめた。

フランス側からは、社会科学院のオーギュスタン・ベルク教授・国立東洋言語文化研究所のフランソア・マセ教授が、日本側から猪熊兼勝橘女子大学教授（時代祭考証委員）と私、コーディネーターは磯村英一日本文化館館長であった。マセ教授はかつて京都大学でフランス語の講師をつとめ、学位論文をまとめるために私の研究室にも出入りしておられた。

討論の最中、「時代祭の行列になぜ足利尊氏が登場しないのか」と突然質問されたのはマセさんであった。そこには足利尊氏逆賊論の影響があり、考証委員を引きうけるさいに、予算などがととのえば、いつの日か室町時代風俗列を創設することを強く要望したことを述べた。そして実際に平成十九年（二〇〇七）に室町時代風俗列が具体化して、時代祭行列に加わった。

三回目のパリ訪問は二〇〇一年九月から十月にかけてであった。フランスの日本年にあたっており、パリの日本文化館で「埴輪展」が開催されたので、記念講演をするためであった。私に与えられたテーマは「古代の日本文化と東アジア」であった。会場は聴講者で満席となったが、「日本文化の本質は木の文化ではないか」という鋭い質問もあった。その記念講演の通訳をすすんで引きうけられたのは前述のマセ教授であった。そしてコレージュ・ド・フランスでの懇談などにも出席した。

## モンゴル訪問

海外への旅のなかでとくに忘れられないのは、平成十六年（二〇〇四）六月のモンゴル訪問である。このおりにはウランバートルの文化宮殿で、日本とモンゴルの関係史について講演した。多くの市民のほか国会議員や大学教授の方々が約千名ばかり参会されたが、日本の相撲のルーツが高句麗さらにモンゴルにさかのぼり、日本の流鏑馬《やぶさめ》がモンゴルの騎射とかかわりのあることや元と日本との関係ではとかく文永・弘安の元寇のみがクローズアップされがちだが、日元貿易とりわけ元の仏教が鎌倉仏教と深いつながりをもつことを史実にもとづいて講演したのに感銘されたようであった。

ジンギスカンの墓も宮殿も残念ながらみつかっていないが、ウランバートルから西南約三百二十キロのカラコルム（ハラホリン）には、第三代オゴデイ（オゴタイ）の宮殿跡がある。大都（北京）への遷都によって衰退するが、ソ連やドイツなどの発掘調査によってその存在が明らかになっている。是非おもむきたいと申し出たら、なんと軍のヘリコプターで遺跡を視察することができた。

平成十五年（二〇〇三）の十一月二十日に、かねて腹部が脈をうつので診察をうけたが、司馬さんと同じ腹部動脈瘤であることが判明し、京都の三菱病院に入院して平成十六年（二〇〇四）の一月二十日に開腹手術をうけた。大手術後であったから同年六月二十日のウランバートルでの講演には多少の不安はあったが、はるかなる草原と満天の星は少年のころからのあこがれの大地であった。思いきってのモンゴル紀行であったが収穫は大きかった。

ウランバートルから北へ約百キロのドガナハド高原におもむいたおり、ゲルの長老たちと面談したが、「遊牧の民はみだりに森林を切ったり、川を汚したりはしない、切ったり汚したりすればカミの罰やたたりがある」と語られたのも、自然と共に生み共に生きる原初の民の姿をかいまみた想いであった。

政府の好意で白馬が用意され記念撮影をしたが、そのおり通訳の方が好意で馬の尻をたたいた。学生時代に乗馬のこころえがあって、草原を走ることは苦でなかったが、人工動脈を十五センチつけかえているから、飛んだりはねたりしないようと医者から注意されたので、その夜は腹痛や下血が起こりはしないかと心配した。お医者さんに報告すると、「なにも起こらず、よい実験になりましたね」と苦笑された。草原茶会も楽しんだ邪鬼払いのモンゴル訪問でもあった。

# ハンギョレ・コンサート

なお私の生涯において忘れることのできないひとつに、平成三年(一九九一)の四月一日に、大阪のザ・シンフォニーホールで開催されたハンギョレ(同民族)コンサートがある。

朝鮮籍の有名な指揮者金洪才《キムホンチェ》氏と韓国KBS交響楽団のコンサートマスターであった丁讃宇《チョンチャンウ》氏との南北分断をこえての合同演奏の企画がそれであった。

事前に当局の理解をえていたにもかかわらず、丁讃宇氏の出国は不許可となり、すぐれた在日の詩人金時鐘《キムシジョン》さん・高麗美術館の設立に助力された随筆家岡部伊都子さんと共に世話人になっていた私は当惑した。やむなく京都市交響楽団の皆さんの協力で、ソリスト不在のままの異例のコンサートを実施した。私の挨拶で実情を知った聴衆約千二百人の方々のそのおりのはげましの拍手は、ソウルの空へとこだましました。

# あとがき

七十年の研究史をかえりみて、生ける歴史学をめざしながら、どこまで達成できたか。はなはだこころもとないが、懸命に生きた歴史学、過去に学んで現在をよりよくみきわめ、未来をしっかりと展望できる歴史学を私なりに樹立したいと願ってきたことはたしかである。

本書が生ける歴史を学ぼうとする人びとにとって、なんらかのお役に立つならば幸いである。

平成二十八年（二〇一六）二月

上田正昭

## 著者紹介


**上田正昭**（うえだ・まさあき）

1927年兵庫県生。日本史学者。専門は古代日本・東アジア史、神話学。1950年京都大学文学部史学科卒業。京都大学教授・名誉教授、大阪女子大学学長、世界人権問題研究センター理事長、姫路文学館館長、高麗美術館館長、島根県立古代出雲歴史博物館名誉館長、中国西北大学名誉教授、中国社会科学院古代文明センター学術顧問などを歴任。大阪文化賞、福岡アジア文化賞、松本治一郎賞、南方熊楠賞、京都府文化特別功労者、京都市特別功労者。勲二等瑞宝章、韓国修交勲章。2016年3月歿。

主著に『帰化人——古代国家の成立をめぐって』（1965、中央公論社）。『日本神話』（1970、岩波書店）で毎日出版文化賞受賞。その他、『上田正昭著作集』（全8巻、1998-99）『渡来の古代史』（2013、以上角川書店）、『私の日本古代史　上・下』（2012）『日本古代史をいかに学ぶか』（2014、以上新潮選書）、『歴史と人間の再発見』（2009）『森と神と日本人』（2013）『「大和魂」の再発見』（2014）『「古代学」とは何か』『古代の日本と東アジアの新研究』（2015、以上藤原書店）ほか、本書を含め82冊。



**古代史研究七十年の背景**《こだいしけんきゅうななじゅうねんのはいけい》

2016年6月10日　初版第1刷発行 ©

著　者　上田正昭

発行者　藤原良雄

発行所　株式会社　藤原書店

〒162-0041　東京都新宿区早稲田鶴巻町523

電　話　03（5272）0301

ＦＡＸ　03（5272）0450

振　替　00160 - 4 - 17013

info@fujiwara-shoten.co.jp

印刷・製本　中央精版印刷





Printed in Japan
ISBN978-4-86578-075-8

古代から未来へ、東アジア世界と連動

# 古代の日本と東アジアの新研究

上田正昭

古代から中世、近現代へと「天皇制」はいかに成立し変遷してきたか。高句麗・百済・新羅などからの古代日本文化への影響は。「神道」のまことの姿とは何か。〝上田古代史〟は常に東アジア全体を視野におさめ、日本のありようを提示する。未来像へとつながる古代像を描きだす著者の、最新かつ最高の成果！

四六上製　三二八頁　三六〇〇円
（二〇一五年一〇月刊）
◇978-4-86578-044-4

---

大幅増補した決定版

増補新版

# 新・古代出雲史

（『出雲国風土記』再考）

関 和彦　写真・久田博幸

気鋭の古代史家の緻密な論証と写真家の豊富な映像が新たな「出雲像」を浮き彫りにし、古代史再考に一石を投じた旧版刊行から五年。巨大風力発電建設の危機に直面する出雲楯縫の地をめぐる、古代出雲史の空白を埋める最新の論考を加え、今ふたたび神々の原郷へ、古代びとの魂にふれる旅に発つ。

菊大並製　二五六頁　二九〇〇円
（二〇〇一年一月／二〇〇六年三月刊）
◇978-4-89434-506-5

---

古事記は面白い！

# 「作品」として読む古事記講義

山田 永

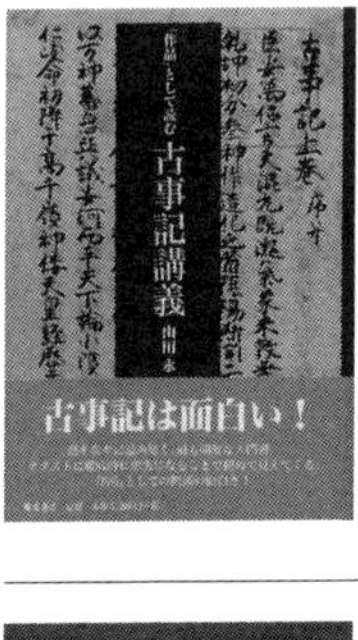


謎を次々に読み解く、最も明解な入門書。古事記のテクストそれ自体に徹底的に忠実になることで初めて見えてくる「作品」としての無類の面白さ。これまでの古事記研究は、古事記全体を個々の神話に分解し、解釈することが主流だった。しかしそれは「古事記で（何かを）読む」ことであって、「古事記（そのもの）を読む」ことではない。

Ａ５上製　二八八頁　三二〇〇円
（二〇〇五年二月刊）
◇978-4-89434-437-2

---

フランスの日本学最高権威の集大成

# 日本仏教曼荼羅

B・フランク
仏蘭久淳子訳

コレージュ・ド・フランス初代日本学講座教授であった著者が、独自に収集した数多の図像から、民衆仏教がもつ表現の柔軟性と教義的正統性の融合という斬新な特色を活写した、世界最高水準の積年の労作。図版多数

四六上製　四二四頁　四八〇〇円
（二〇〇二年五月刊）
◇978-4-89434-283-5

*AMOUR, COLÈRE, COULEUR*
Bernard FRANK

東西の歴史学の巨人との対話

## 民俗学と歴史学
〈網野善彦、アラン・コルバンとの対話〉

赤坂憲雄

歴史学の枠組みを常に問い直し、人々の生に迫ろうとしてきた網野善彦とコルバン。民俗学から「東北学」へと歩みを進めるなかで、一人ひとりの人間の実践と歴史との接点に眼を向けてきた著者と、東西の巨人との間に奇跡的に成立した、「歴史学」と「民俗学」の相互越境を目指す対話の記録。

四六上製　二四〇頁　二八〇〇円
（二〇〇七年一月刊）
◇978-4-89434-554-6

---

柳田国男は世界でどう受け止められているか

## 世界の中の柳田国男

R・A・モース＋赤坂憲雄編
菅原克也監訳　伊藤由紀・中井真木訳

歴史学・文学・思想など多様な切り口から柳田国男に迫った、海外における第一線の研究を精選。〈近代〉に直面した日本の社会変動をつぶさに書き留めた柳田の業績とその創始した民俗学の二十一世紀における意義を、世界の目を通してとらえ直す画期的論集。

A5上製　三三六頁　四六〇〇円
（二〇一二年一一月刊）
◇978-4-89434-882-0

---

「歴史学」が明かしえない、「記憶」の継承

## 歴史と記憶
〈場所・身体・時間〉

赤坂憲雄・玉野井麻利子・三砂ちづる

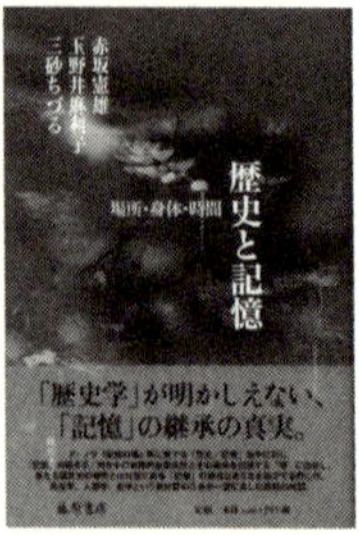


P・ノラ『記憶の場』等に発する「歴史／記憶」論争に対し、「記憶」の語り手／聞き手の奇跡的な関係性とその継承を担保する〝場〟に注目し、単なる国民史の補完とは対極にある「記憶」の独自なあり方を提示する野心作。民俗学、人類学、疫学という異分野の三者が一堂に会した画期的対話。

四六上製　二〇八頁　二〇〇〇円
（二〇〇八年四月刊）
◇978-4-89434-618-5

---

〈地方〉は記憶をいかに取り戻せるか？

## 幻の野蒜《のびる》築港
〈明治初頭、東北開発の夢〉

西脇千瀬

明治初期、宮城県・石巻湾岸の漁村、野蒜を湧かせた、国際貿易港計画とその挫折。忘却あるいは喪失された往時の実情を、新聞史料から丁寧に再構築し、開発と近代化の渦中を生きた人びとを活写、東日本大震災以降いっそう露わになった、〈地方〉の疲弊に対して、喪われた「土地の記憶」の回復がもたらす可能性を問う。

第7回「河上肇賞」本賞受賞
四六上製　二五六頁　二八〇〇円
（二〇一二年一一月刊）
◇978-4-89434-892-9

激動する朝鮮半島の真実

## 朝鮮半島を見る眼

〔「親日と反日」「親米と反米」の構図〕

朴一

対米従属を続ける日本をよそに、変化する朝鮮半島。日本のメディアでは捉えられない、この変化が持つ意味とは何か。国家のはざまに生きる「在日」の立場から、隣国間の不毛な対立に終止符を打つ！

四六上製　三〇四頁　二八〇〇円
（二〇〇五年一一月刊）
◇978-4-89434-482-2

---

「在日」はなぜ生まれたのか

## 歴史のなかの「在日」

藤原書店編集部編

上田正昭＋杉原達＋姜尚中＋朴一／金時鐘＋尹健次／金石範 ほか

「在日」百年を迎える今、二千年に亘る朝鮮半島と日本の関係、そして東アジア全体の歴史の中にその百年の歴史を位置づけ、「在日」の意味を東アジアの過去・現在・未来を問う中で捉え直す。

四六上製　四五六頁　三〇〇〇円
（二〇〇五年三月刊）
◇978-4-89434-438-9

---

津軽と朝鮮半島、ふたつの故郷

## ふたつの故郷《ふるさと》

〔津軽の空・星州《ソンジュ》の風〕

朴才暎

雪深い津軽に生まれ、韓国・星州（ソンジュ）出身の両親に育まれ、二十年以上を古都・奈良に暮らす――女性問題心理カウンセラーとして活動してきた在日コリアン二世の、初のエッセイ集。「もしいまの私に〝善きもの〟があるとすれば、それは紛れもなく、すべてあの津軽での日々に培われたと思う。」

四六上製　二五六頁　一九〇〇円
（二〇〇八年八月刊）
◇978-4-89434-642-0

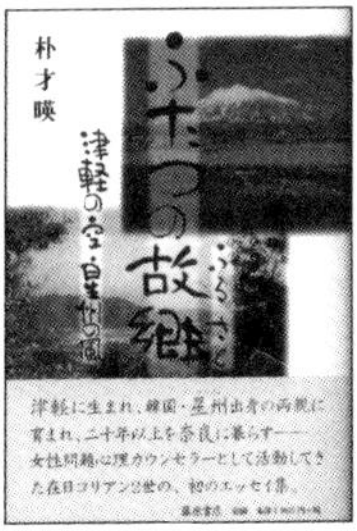


---

132人の識者が「アジア」を論じつくす

## 「アジア」を考える 2000-2015

藤原書店編集部編

一三二人の識者が「アジア」を論じつくす。高銀／岡田英弘／新川明／池澤夏樹／石井米雄／板垣雄三／稲賀繁美／今福龍太／上田正昭／鵜飼哲／王柯／大石芳野／大田昌秀／小倉和夫／川勝平太／川村湊／金時鐘／黒井千次／国分良成／子安宣邦／白石隆／杉山正明／鈴木靖民／高野悦子／田中克彦／辻井喬／中島岳志／針生一郎／増田寛也／モロジャコフ／家島彦一ほか

四六並製　二九六頁　二八〇〇円
（二〇一五年六月刊）
◇978-4-86578-032-1

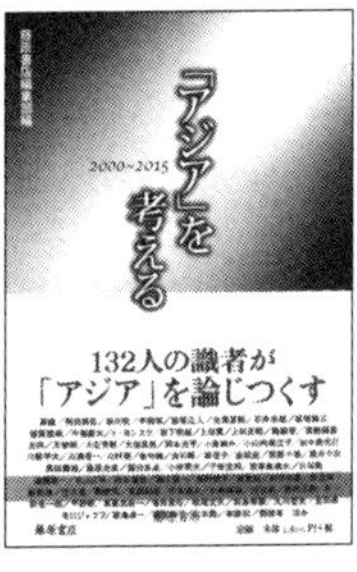